나는 누구의 비유였을까

박은숙 시집

시인동네 시인선 232 박은숙 시집

나는 누구의 비유였을까

시인동네

시인의 말

끝과 시작을 배우고
배운 것을 실천하려 애썼지만,

어떤 일이 일어나든
그건 내가 모르는 사이의 일일 것이다.

2024년 5월
박은숙

차례

시인의 말

제1부

우는 아이 · 13
고산지대에서 교실 짓는 법 · 14
국수 · 16
남 생각을 했다 · 18
빗방울 화석 · 20
꽉, 쥔 손 · 22
불빛을 설득하다 · 24
각자의 주인 · 26
피시볼 · 28
나무들이 따라갔다 · 30
빈방의 햇빛 · 32
창문은 어떤 종의 새일까요 · 34
지구의 부품 · 36

제2부

비유의 계산법 · 39

노란 氏 · 40

옥수수 · 42

압축 팩 · 44

재활 · 46

먼 곳을 충전하다 · 48

소금쟁이처럼 · 50

뼈를 보는 시간 · 52

나의 술래 · 53

활 · 54

혜량 · 56

독촉 · 58

쉬는 그늘 · 60

이맘때 비는 어느 쪽 이름일까요 · 62

제3부

부류 · 65

지극한 자세 · 66

파랑 채굴기 · 68

빗물여관 · 70

접이식 · 72

나무들의 문자 · 74

집배원 · 76

흙 박물관 · 78

쓴물 · 80

빈손의 바통 · 82

연기의 발명 · 84

수동적인 비누 · 86

나무들의 아가미 · 88

야생 · 90

제4부

말의 바닥을 보아야겠다 · 93

멸종 중인 굴뚝들 · 94

송편 · 96

망가진 것들의 합산 · 98

물결무늬 원단 · 100

껴입은 사람 · 102

쓴맛 · 104

난간을 만날 때마다 · 106

가을이 닮은 동네 · 107

망종 무렵 · 108

공중을 고치다 · 110

전정 · 112

느낌의 순도 · 114

해설 나는 모두의 비유다 · 115
     장예원(문학평론가)

제1부

우는 아이

아이가 울자, 사람들이 모여든다
우는 아이는 중심이 되고
황급한 곳이 된다

중심이 된다는 것은
단맛을 찾는 일이었을까
세상의 단맛들이 쓴맛으로 돌아서는 일을 겪는 동안
아이는 중심을 헐어낸 존재가 자신이었다는 것을,
그악스럽게 울어댄 일들이
다름 아닌 중심을 찾으려는 일이었다는 것을
다 자란 중심이 되어서야 알게 된다

더 이상 주변을 불러 모을
울음이 남아 있지 않을 때
스스로 외곽이 된다

달래는 일도, 울음도 남아 있지 않을 때
그때 중심에서 벗어날 수 있다

고산지대에서 교실 짓는 법

네팔의 고산지대에
바람보다도 허술한 작은 교실을 짓는다
당나귀들이 자재들을 등에 얹혀서
좁고 위험한 산길을 오른다
교실 바닥은 넓적한 돌을 조금씩 맞춰가며 깐다
기둥으로 세울 목재를 등에 진 당나귀가
몇 번 발목을 접질리고 그래서
기둥들은 가끔 삐끗거리는 소리를 낼 것이다
지붕 덮을 자재를 옮기는 동안엔
비와 바람이 겹겹 스며들 것이다
그래서 지붕은 가끔, 빗방울 떨어지는 소리와
바람이 지붕 끝을 들추는 소리를 낼 것이다

벽은 원래 있던 제자리들을
쌓거나 일으켜 세운다

칠판은 나귀의 등에 실려 오는 동안
초록의 들판과 파란 하늘과 진녹색의 호수와

분필가루 같은 구름이 먼저 사용했다
나귀의 등에 실려 온 창문 두 짝엔
오토바이 한 대를 따라가는 자욱한 먼지와
먼 듯, 가까운 듯, 아지랑이와
방금 닦아낸 깨끗한 햇살이
창문을 따라 실려 왔다

네팔어 기초회화 교재가 실려 오는 동안
타르쵸 수십 장이 갈피마다 묻어왔다
더듬더듬 읽을 때마다
경전을 읽는 바람 소리가 섞일 것이다

교실 한 채가 나귀 등에 얹혀서
험한 길을 겨우 걸어왔다

국수

허리가 굽은 노인이
식당 구석진 자리에 앉아
국수 한 그릇을 시킨다.
네 명의 자리에 세 명을 비워두는 식사
아마도 매 끼니를 빈자리들과의
합석이었을 것 같다.

잘 뭉쳐져야 여러 가닥으로 나뉠 수 있는 국수, 수백 번의 겹이 한 뭉치 속에 모이는 일, 뜨겁게 끓인 다음에 다시 찬물에 식혀야 질겨지는 음식, 그 부피를 많이 불리는 음식은 힘이 없다지만, 그래서 여럿이 먹어도 한 가지 소리를 내는 국수,

소문으로 들어서 알고 있는 저 노인의 슬하는
이남 삼녀의 망종(亡種)
꽃핀 곳 없는 행색이지만
한때는 다복했었을 것이다.

잇몸으로 끊어도 잘 끊어지는 빗줄기 같은 국수, 똬리를 튼

국수를 젓가락으로 쿡 찔러 풀어헤친다.

  치아도 없는 노인이 먹는데
  후루룩, 비 내리는 소리가 난다
  비 오는 날 마루에서 들리던 엄마의 청승같이
  뚝뚝 끊기던 빗소리,
  맑은 물에 헹군 국숫발 같은 주름이
  입안 가득 고인 빗소리에
  바람이 흩날리며 든다

남 생각을 했다

오늘은 두어 명의 남 생각과
또 두어 명의 나를 생각했다

거울이 늘어나면 결국,
반사되는 얼굴들은 조각이 되겠지
생각과 오래 대화하는 일이
조각난 거울 속을 한데 모아
와장창 깨지는 일과 닮았을까

문득, 또는 불현듯 같은 순간들이
깨진 사금파리같이 눈을 찌를 때
두어 명의 남 생각과
내 생각에 찡그린 정각이 찾아온다
때로는 늦은 일이 빠르기도 하고
더딘 것이 오히려 나을 때도 있지만
정각이 울렸다는 것은 이미 늦었거나 지나쳤다는 것이다
그런 일은 두어 명의 남이거나
두어 명의 나의 일에 불꽃이 튀었다는 것이다

남의 일이 곧 나의 일
남처럼 두근거리는 일도 없다
내가 오늘 기쁘다면
그건 두어 명의 남이 해결된 일이다

남은 언제나 나보다 크고 넓다
오늘은 남 생각에 너무 불려 다녔는지
유독 피곤하다

빗방울 화석

딱딱하게 굳은 빗방울이
얼굴 가득 박혀 있던 사람

시두(時痘)의 꽃핀 얼굴에
붉은 반점을 떨구어 놓았다
산딸기 덤불인 양 고약한 손님이라고도 했다
섭씨의 빗방울을
울면서 받은 얼굴엔 평평한 날들이 없었다
얼굴이 화끈거리는 날들이었다
숙이고만 다닌 뜨거운 얼굴에
슬픈 빗방울이 박혔다

한번 박힌 빗방울에서
파란 싹이 돋는다거나 바람이 불어
날아가는 일은 없었다
언제부턴가 그이의 얼굴 가까이에 귀를 대면
후드득, 빗방울 떨어지는 소리가 났다
철모르던 그이에게

신은 빗방울 여러 개를 맡겨 놓았다
아마도 훗날, 모진 가뭄이 오면
그이에게 빗방울 씨앗을 청할지도 모르는 일

울고 웃는 화석,
유독 울음이 많았던 이유도
일생을 굳은 날로 만든
빗방울 때문이었을 것이다

꽉, 쥔 손

물 밖으로 그를 끌어냈을 때
사람들은 그의 꽉 쥔 손을 논했다
그의 손에 잡힌 것이
물 밖인지 아니면 물속인지를 두고 의견이 분분했다
그는 마지막까지 자신의 숨통을 좁혀오는
그 숨을 잡으려 했을 것이다
마지막까지 안간힘으로 잡으려 했던 물 밖이
다름 아닌 그의 멱살을 잡던 원금들과
거친 말들로 맺어진 무수한 기한들
냉방에 뒹굴던 빈 소주병 같은 날들이었는지
조금만, 조금만 더 참으면 다 해결된다는
물 밖의 말로 물속에서 발버둥 칠 때
어렴풋이 가라앉는 몇몇 얼굴들이었는지를 두고
분분한 추측이지만
퉁퉁 불은 손가락 가득
물이 스며들어 있는 것으로 보아
끝내 물을 잡고야 말았던 것이다
이런저런 고민과 망설임 끝에 결국 그는

마음을 바꾸어 자신의 죽음을 힘껏 잡았던 것이다
모두가 그를 버릴 때
깊은 물속만이 그를 꼭 잡고
놓아주지 않았을 것이다

불빛을 설득하다

늦은 밤, 가로등 밑을
설득해 본 적이 있는가

이곳에 이렇게 웅크리고 있지 말고 나를 앞서가든지 아니면 나의 뒤를 바짝 따라오라고 한참을 서서 설득해 본 적 있는가, 빨간 사과도 제 속에 있는 까만 점을 놓치듯 불빛도 가끔은 어둠의 구석을 놓치는 일이 있다고 위로해 본 적 있는가

가끔씩 내가 캄캄할 때 어둠을 설득해 본 적은 있지만 환한 빛을 설득해 어둠으로 간 적은 없다

빛은 그 설득의 끝이 어디인가? 어둠을 끌고 빛으로 나서는 일은 있어도 빛을 끌고 어둠 속으로 들어가라고 설득시키는 일에는 어떤 명분이 있어야 하나,

그러나 한곳에 오래 있든, 잠시 밝다가 이내 사라지든 불빛 스스로 불을 끄기 전엔 어떤 어둠도 찾아오지 않아서 온전한 어둠을 만날 일이 없다

너무 환해서 고달픈
속속들이의 불빛들
자신의 경계를 잠시 비우고
어둠이 되어 보라고 설득해 본 적이 있다

각자의 주인

개를 끌고 산책하다
산의 초입에서 너구리를 만났다

개는 사람을 주인으로 두고 있고
너구리는 산을 주인으로 두고
서로 털을 곤두세웠다

너구리는 빗줄기 같은 털을 세우고 마치 소나기 쏟아지는 소리를 냈고 개는 만류하는 주인의 말을 오역(誤譯)하는 소리로 짖었다

산은 고요했고
사람은 소란스러웠다

고요한 주인과 소란스러운 주인은 너무 많은 격차가 벌어져 있지만 너구리와 개만 그걸 모른다 한참을 대치하다 너구리는 산으로 가고 개는 그제야 주인의 말을 제대로 알아들었다는 듯 되돌아온다

각자의 영역을 더 이상 침범하지 않고
각자의 주인을 믿었던 일은 무승부로 끝이 났다

고요하든지 소란스럽든지 각자의 뒤가 있게 마련이지만 자신의 뒤를 아는 사람도 있고 자신의 뒤를 제대로 알지 못하는 사람들도 있다

사실 누구라도
마음 놓고 돌아설 수 있는 뒤가 있다면
주인이 있는 존재들이다

피시볼

저것은,
차곡차곡과 가지런의 표본
머리와 꼬리를 정확히 구별 짓는
물의 질서 같은 것

피시볼,

천적들에게 큰 물고기로 보이기 위해 같은 무리를 짓는 일과 물 밖에서 다시 한 종류로, 똑같은 크기들로 나눠지는 물고기들

죽어서도 천적을 경계하는 비린내 나는 습성

하필이면 물고기를 담기 위해 적당량의 사각으로 잘려지고 맞춰졌을까

상자들은 모범적이다

엉성하게 짜여 비린내에 절여지는 상자들은 순종적이다 흩어지거나 튀어 나가지도 않고 한 무리의 물고기를 담고 있던, 오일장이 파하고 한편에 쌓여 있는 빈 상자들은 오래전 뿌리를 내리고 서 있던 기억으로 층층을 이루고 있다

물고기들이 천적을 경계하던 습관으로 또 다른 물고기들이 담길 때까지 텅 비어서도 또 무리를 지어 몰려 있는 상자들 주위로

윙윙거리며 새까맣게 몰려드는 피시볼

나무들이 따라갔다

재개발지역,
빈집들만 남은 마을엔
드문드문 별들이 사라진 밤하늘이 있고
정원이 있던 자리들엔
움푹한 구덩이들이 생겼다

나무를 처음 심은 사람이 나무들에겐 본적인 셈일까 오랜 세월 주인과 함께 꽉 쥐고 있던 한 시절을 놓은 자리들이 분화구처럼 패였다

대부분의 나무들은 별자리들의 사이를 헤치고 나뭇가지 끝에 방향을 두거나 좌표로 삼곤 하였다

하지만,
주인을 따라간 나무들이
수많은 별자리들을 헤집고
새로운 좌표를 생성하기란 쉬운 일이 아닐 것이다
앞마당의 나무였지만 뒷마당의 나무가 될 수 있으니

애써 공부한 별자리들의 학습이
낯설어질 수도 있다

집들이 이사 간 외곽의 마을
나무들이 본래의 습관대로 새로운 방향의 좌표를 만들면서
별자리들의 흔적이 생겨난다

아마도 나무들이 자리를 옮길 때마다
지구에서 보이는 밤하늘에도
가끔은
재개발이 일어나고 있는지도 모른다

빈방의 햇빛
— 에드워드 호퍼

빈방엔 햇빛이 가득 차 있다
어쩌면 오후가 방향의 각도를 존중하는 중일 것이지만
직각들은 눕거나 구부러지지 않는다
창을 통해 직각으로 들어선 햇빛을
그늘은 애써 외면했을지도 모른다

빈방을 가득 채웠던 햇빛도
오후엔 그늘에게 빈방을 내주어야 하니까

간혹, 바깥의 날씨가
개입하는 노년의 노구처럼
어느 곳은 결리고 또 어느 곳은 을씨년스럽겠지만
햇빛과 그늘은 서로가 가득 차야 할 때와
물러나야 하는 때를 안다
침묵을 격려하는 일이려니 한다

햇빛과 그늘이 지나간 빈방을 청소하고 나면
조금 더 깨끗해진 오후와

한결 정갈해진 노후가
두 다리를 뻗을 만큼의 공간이 생기겠지만
그것도 잠시뿐

저녁이 오면
기척 없는 의미들처럼
늙어갈 것이다

창문은 어떤 종의 새일까요

새들이 부딪혀 죽은 창문에선
가끔 새 우는 소리가 난다

덜그럭거리며
저의 몸이 어긋났다고 울었다
금 간 틈에서 구석 같은 깃털이 돋았다
투명한 창문으로 하루도 빠짐없이 찾아오는
반영(反影)은 밤과 낮, 구름과 빗방울들을 데리고
새보다 더 빠르게 날아갔다

낮에는 반영으로
밤이면 건물들의 불빛으로
창문에 부딪혀 죽은 새는
자신에게 받혀 죽은 새가 되었다

반영된 사각을 보면
안락(安樂)들은 뛰어든다
그곳에서 투명한 둥지를 틀거나

오래오래 갇혀 살기를 희망한다는 듯이 뛰어들지만
그건, 투명을 배우지 못한 문맹 탓이다
투명은 불투명의 요청으로 발명되었지만
새들은 끊임없이 투명의 반열을 즐겼다

누구나 눈을 감으면 불투명하지만
죽은 새는 투명 속에 갇혀 숨은 새가 되고 말았다
창문은 네 개의 뼈로 덜그럭거리고
겹쳐놓은 자기 뼈에 내려앉는다
새들이 부딪혀 죽은 창문에선
여전히 새 우는 소리가 나고
안쪽이라는 새와 바깥이라는 새가
미닫이문처럼 열렸다 닫히는 동안에도
새들은 끊임없이 투명한 창으로 날아들었다

지구의 부품

 지구를 수리하다 검은 코뿔소라는 부품 하나가 멸종된 사실을 알았다. 두 개의 뿔로도 멸종은 막을 수 없었다. 인류의 손길과 발길이 닿는 곳마다 지구는 고칠 수 없는 곳들이 늘어나고 갈수록 삐걱거리다 어느 날 무너지고 말 것이다. 가령, 아주 작은 개미의 일종이 멸종된다면 지구는 비를 예측하는 감각기관이 고장 나고 영영 고칠 수 없는 곳이 된다는 뜻이다. 그때 지구는 망치와 톱을 들고 망연자실, 어쩔 줄 몰라 하겠지. 인류는 고치는 연장보다는 부수고 망가뜨리는 연장을 더 많이 만들었다. 다행히 나무들의 고된 릴레이가 있었고, 개미들이 물어 오는 장마철과 씨앗들을 연착시키는 씨앗 창고를 자처하는 착한 흙과 명랑한 여름들이 있었다. 비밀처럼 느껴지는 숲의 이곳저곳에 새로운 멸종들이 늘어가지만 그 멸종을 고칠 수 있는 부품은 찾을 수 없다. 뜨거운 날씨가 늘어날수록 찬 날씨들은 그만큼 줄어들게 되었다. 인류가 발명해 낸 종류들은 몇 배는 더 많은 생물들을 먹어치우며 늙어간다. 당분간 지구를 고치는 일에 열중해야 한다.

제2부

비유의 계산법

큰일은 너무 넓어서 모를 때
작은 일에 몰아넣고 보면
알맞게 보인다.

열 사람의 일은 한 사람의 마음으로 이해하는 것. 그런 마음이 집단을 이루고 대표를 뽑는 일을 발명했다.

큰일이거나 작은 일이거나 몇 날 며칠을 주고받아도 모를 말의 이면들은 슬쩍, 떠보는 의사 타진으로 알 수 있다.

오전엔 설문조사를 묻는 전화가 왔었다. 꽤 여러 개의 항목 중에 어느 쪽에 서 있냐고 물을 때 나는 지금 내리는 비의 밖에 서 있다고 대답했다.

나는 누구의 비유였을까. 잘 접힌다고 하는 사람도 잘 퍼진다고 하는 사람도 있다.

나를 계산하는 친구도 간혹 있었다.

노란 氏

꽃들의 테두리인 울타리는,
봄, 아니면 여름이겠지

제주도에서 본 유채꽃은 넓은 돌담에 갇혀 피고 있었지.

봄이라 불리는 돌담들은 너무 헐렁해서 그 노란 색깔들이 숭숭 새어나가고 있었지. 튼튼한 그물 같은 돌담은 바닷바람이나 파랑주의보를 다 걸러내고 노란색만 들이고 있었지.

따뜻한 안쪽을 만들어 놓으면 봄을 넘는 바닷바람이 낮게 불어서 들어오지.

허리를 굽히고 맞이해야 하는
키가 작은 봄,
봄꽃들이란 다 키가 작아서 뒤꿈치를 들고도 돌담을 넘지 못하지.

아직 밭이 되지 못한 테두리 밖의 크고 작은 봄, 하나하나 돌

을 들어내어 봄을 쌓고 둘레를 만들고 그 안에다 유채 씨를 뿌렸을 사람은

  아마도
  노란 봄의 성씨(姓氏)를 쓰고 있겠지.

옥수수

  가지런한 옥수수 알갱이는
  지루한 조회시간을 견디는 어린 학생들을 닮았다.

  학생들이 선생님의 훈시에 맞춰 줄지어 서 있는 것처럼 종자계량을 통해 비좁고 효율적인 무늬나 배열이 이루어졌을 것이다.

  그러니까, 최초의 농법은 씨앗을 줄 맞추지 않고 흩뿌리는 방식이었다. 한 알의 옥수수 알갱이에는 싹트고 열매 맺고 다시 겨울을 묵히는 계절의 운영방식이 비좁게 들어 있다.

  가난한 나라의 납시세끼를 먹여 살리는
  구휼(救恤)의 의무교육을 받은 옥수수들,

  또 식물들은 질서의식보다 자연스러움이 편했지만 언제부턴가 종자계량을 통해 식물에게 튀지 말 것, 모두 닮은꼴로 가지런할 것, 한쪽만 고집하던 색깔들을 골고루 묻힐 것을 교육시켰다.

운동장에 줄지어 서 있던 교육은 식물들의 자세에서 베껴 온 것이 틀림없었다.

인간이 지배하는 것들은 다 길들여져 있다.
하물며, 한낮의 가로등조차도 점멸의 방식으로 줄지어 서 있다.

압축 팩

숨을 빼니 홀쭉해진다.
부풀었던 부피들에선 그 어떤 종류의
꽃들도 핀 적이 없었지만
부스럭거리는 생체 반응이 있었다.

모든 숨을 빼낸 존재들을 보면
한때는 한없이 부드럽고 폭신한 성질이 있었다는 것을
쪼그라든 부피를 보면 알 것 같다.
마치 사람의 몸에서 모든 숨을 빼내면
그 어떤 대답도 질문도, 심지어 웃음도 울음도 없이
온화하거나 깐깐한 성품도 없이
간신히 제 형상만 간직한
반응 없는 부피를 떠올리게 된다.

푸르게 부풀었던 여름은
한순간의 머뭇거림이나 후회도 없이
자신의 한철을 내려놓고
구근(球根)이나 뿌리로 돌아가

평지로 지내는 겨울을 떠올린다.

그러니 사람의 일생은 얼마나 큰 숨인가.
한숨들이 모인 숨 주머니
숨이 있는 모든 것들은 결국엔 쪼그라들겠지.
여름으로, 여타 다른 계절로 살다가
지상과 공중에 숨을 돌려주고 간
압축의 시간엔 몇 개의 **뼈**가 주인이겠지.

숨이 홀쭉해지듯
숨을 쉬느라 이리저리 흔들리는 풀들에도
숨 없는 질긴 시간이 온다.
숨을 불어넣는 계절이 있었다면
숨을 수거해 가는 계절도 어김없이 온다.

재활

남자는 한 달 만에 깁스를 풀었다
천천히 사후 경직을 달래서 풀듯
일직선으로 굳은 다리를 푼다
오래도록 열리지 않았던 빈방의 문
접히는 것들의 냄새가 고백하듯 흘러나온다
수시로 굽어지는 목과 허리를
따라 하지 않겠다는 듯
단단하게 굳은 다리는
예전의 각도 쪽으로 모든 통증을 모아놓고 있었다
고름을 짜내듯 통증을 짜내는
다리의 각도,
유일한 내 편들이었던 안쪽
그 안쪽으로 굽어지는 일이 지독한
편향 뒤의 자책처럼 저릿저릿하다
각도는 계급을 만들고 굴욕과
회전하는 지위를 만들었다
자유자재로 굽어지는 바로 옆의
멀쩡한 다리를 외면하고

다친 다리를 지탱해준 목발을 닮은 다리
뛰지 않는 동안 잰걸음을 걷지 않는 동안
너무 멀리 달아난 여름을 따라잡으려
지레 땀부터 흘린다
한 사람의 몸엔
늘어날 만큼의 각도보다 더 무서운
여분의 각도들이 있다

먼 곳을 충전하다

여름, 오전
돌담 위에서 뱀이 햇빛을 충전한다
열선처럼 몸을 길게 말고
1억 몇천만 킬로미터 밖
그 먼 곳을 충전하고 있다

자동차는 돌이킬 수 없는 고장으로 녹슬고
모든 꽁무니들에서 꽃핀다는 로켓들의
그 꽁무니가 싸늘하게 식고
인간의 걸음으로 반만년이 걸리는
그 먼 곳을 가득 담아도
뱀의 구불거림은 반나절이면 동이 난다

소리로 14년하고도 5개월이 걸린다는 그 거리
땅과 나무들이 어두워지고
태양의 반대쪽을 충전하는 사람들과는 달리
뱀은 달의 반대쪽을 충전한다

우리는 너무 먼 곳에 의탁하고 있다
아니, 먼 곳이어서 오히려 덕을 보고 있다
실눈을 뜬 태양과 달의 계절
가을에 활동을 멈춘 씨앗들이
봄까지 가서 싹을 틔우는 그 거리가
태양빛이 지구에 도착하는
그 거리라는 것을

충전을 끝낸 뱀이,
햇살 코드를 뽑고 풀숲으로 숨는다

소금쟁이처럼

소금쟁이가 떠 있는 물에는
소금쟁이 외에도 떠 있는 것들이 많다
바르르 떠는 바람의 발과
내려앉은 먼지들과 늘어진 산자락
먼 곳의 햇살도 떠 있다

그런 물은 아무리 힘껏 밟아도
물은 푹, 꺼지지 않는다

저처럼 무거운 발밑을 갖고 있으니
헛딛는 발, 발 빼지 못하는 일 없겠다

가벼워지면 두 발 빠질 곳 없다는
투명한 가르침처럼 보인다
자신보다 가벼운 곳,
약한 것들은
딛지 말라는 경고처럼 보인다

햇살처럼 소금쟁이처럼 먼지처럼
그렇게 다 딛을 만한 곳들 찾아 딛고 산다
자신들만의 중심을 갖고
평평하지 않은 아슬아슬한 날들을
아주 가벼운 듯
꾹꾹 밟으며 산다

가벼운 것들,
떠 있는 것 같지만 모두들
꾹 밟고 자신들의 표면장력을 건디는 것이다
헛딛는 발이 무거워지면
표면이 아니라
그 수심을 상대해야 한다

뼈를 보는 시간

트랜스 루 센트 글라스 캣*
다소 장황한 이름의 이 물고기는 투명하다.

투명을 보호색으로 쓰는 물고기는 이미 누군가 살점을 다 뜯어먹은 후 같다.

물을 닮으려 했지만 뼈는 점점 더 어둑해졌을 것이다. 마치 캄캄한 저녁이 밝게 켜지고 있는 창문들의 뼈와 신이 세상에 개설해 놓은 지점들이 휘황한데 나뭇가지를 흔드는 투명한 바람의 뼈.

사실, 누구나 투명 앞에선
자신을 숨길 수 있는 겹겹을 발명해 냈지.
긍정은 부정 속에 차후의 때를 맡겨 놓겠지.

인간은 저의 뼈의 위치를 몰라 욱신거리는 신체를 겨우 알아채고 자꾸만 굽어지는 등뼈를 의자에 기댄다.

---

*트랜스 투 센트 글라스 캣: 뼈가 보이는 투명 물고기.

나의 술래

나의 술래는 어디에 있나.
어느 곳에서 아직도 나를 찾지 못하고 있나.

한 번쯤 찾아진 사람은 밝다.
겸연쩍은 웃음의 흔적이 보이긴 하지만
어디에 숨어도 들통 나는
저 밝은 사람들,

나의 술래와 나는 자주 역할을 바꾼다. 옷을 바꿔 입기도 하고 이름을 바꾸기도 한다. 하나의 실수를 놓고 함께 위축된다.

나는 점점 더 두꺼워져서
숨은 곳을 들추는 일과
까맣게 잊고 있는 곳곳들을 불러내려 애를 쓴다.

모두 술래가 되길 싫어하지만
결국 술래가 되어 자신도 찾지 못하는 곳으로 숨어든
자신들을 찾으러 다닌다.

활

안간힘으로 휘어진 것들의 힘이란
활짝 펴지는 반동의 힘이다
반듯한 힘이란 어디에도 없다
그런 평행엔 고작 몇 마리의 새나
잠자리, 아니면 이른 아침의 이슬방울들이
잠깐 동안 매달릴 뿐이다

활에 살을 걸었을 때도
활과 줄이 제 깜냥만큼 휜 다음에야
살을 날릴 수 있다

허리가 활처럼 굽은 사람도
굽어지는 힘으로 지금껏 살아왔을 것이다
굽어진 허리에 젖던 악천후에도
가끔씩 두 손이 허리를 펴면
휘어진 활이 제 깜냥만큼 살을 날리듯
잠깐 동안 펴지고 이내
부르르 떨었을 것이다

어떤 것으로도 막을 수 없는 반동의 힘
누구든 발버둥 치는 쪽으로 진화하고
익숙해지고 곧 굳어졌을 테니
세상의 본모습들이란
힘껏 살아왔거나
버려진 증거들일 것이다

수족관 밖을 나온 활어 한 마리가
안간힘으로 휘어지는 것을 보면
그런 휘는 일들,
그건 끝까지 믿을 수밖에 없고
믿어야만 되는 일인 것이다

혜량

구부러진 것들은 다
이해했거나 이해한 모양들 같다
받아들이는 일과 내어주는 일을
흔쾌히 맞바꾼 흔적들 같다

썰물 뒤끝, 길게 구부러져 나가는 물골을 보노라면
양쪽을 헤아려 저의 몸을 숙인 채
먼 곳, 뒤척이는 달을 마중 나가는
뒤늦은 물줄기가 보인다

밀물과 썰물의 시간, 때에 맞추어 당기거나 밀어내거나 채우거나 비우는 일들이 넘치거나 마르지도 않는 아래로 흘러서 굽어살피고 돌아나가는 물의 모퉁이, 썰물의 후미가 끝까지 기다려 마지막 잔물까지 데리고 가는 일

물줄기를 휘어 놓은 뒤끝들

뒤늦은 것들이 휘어 놓은 듯

구불구불해진 저녁 햇살이 몸 휘며 따라 나가는 썰물의 때
들어오는 모습도 나가는 모습도
제각기 모양이 다르다

가늘어지거나 휘어지는 것들
약해져서가 아니라 약한 마음을
혜량한 일이다

독촉

갑자기 추워진 날씨
두어 장 달력 넘겨 미지근한 날짜에
동그라미를 치면 버들강아지나
개구리가 뛰어나와
예, 예, 곧 갑니다! 하는 소리가 들리는 듯

고장 난 보일러를 고치러 오는
보일러 기사 말투나
오전에 시킨 가스배달 아저씨의 말소리가
들리는 것 같다

곧, 간다는 말이나
금방 올 거라는 말은
금방 깨질 것 같은 두께가 얇은 살얼음 같지만
다만 시간이 좀 걸리겠다는 말은
그나마 두툼한 양말 같다

제 절기에 딱 맞춰서 오는 계절들 그건,

아무도 독촉하지 않아서이다
새들이, 배고픈 고라니가 혹은 개구리들이
봄이나 여름을 독촉하지 않아서이다
비좁은 겨울에 버들강아지나 복수초
혹은 산수유가 노랗게 열리면서
봄이 오는 것이다

가운데 조그만 구멍을 낸 저수지에
몇 마리 청둥오리들이 모여들었다
누가 독촉한 크기인 양 좁은 곳이지만
아마도, 저곳으로
봄은 또 모여들 것이다

쉬는 그늘

옥상 위, 파라솔이 접혀 있다.

그 옆에 있는 의자 몇 개는
정오의 햇살을 멍하니 앉아서 그냥 보낸다.
세상엔 앉는 일과 서 있는 일이
곁과 곁으로 가까이 두고 있다는 것을
옥상 하나로 알게 된다.

또, 피하는 일로 존재하는 것들이
받쳐주는 존재로 있다는 것
햇살을 받쳐 그늘을 쉬게 한다는 것
잠시 그늘도 쉬어 가라고
오늘 옥상 위 담소는 쉰다.

접은 햇볕 근처를 서성이는
직선의 그늘 하나가 짧게 누워 있다.
널따랗게 햇살을 받쳐 들었던 파라솔은
펼칠 때도 접을 때도 버튼을 누른다.

그 덕에 그늘도 햇살도 버튼을 가졌지만
저 활짝 퍼진 햇볕의 크기란 것이
지구의 기울기에 따라 제 맘대로 커졌다가도
좁은 그늘이 된다는 것을
또 알게 된다.

그늘이 쉬면 햇볕도 쉬는 것이지
누군가 의자를 빼서 앉으며
이마에 대는 손차양 밑으로
이억 오천만 킬로미터 밖이
잠시 깃든다.

이맘때 비는 어느 쪽 이름일까요

겨울과 봄 사이에서
내리는 비는 어느 쪽 이름으로 불릴까요.

이맘때 내리는 비는 갑자기
환해져서 노란색으로 물이 듭니다.
사실, 계절은 달력 속을 종주하지만
경계를 짓고 있는 것은
수선화나 생강나무꽃 같은 것들이 계절의 국경쯤 됩니다.
이때쯤 내리는 비는 식물의 키를 관장하니까
계절 국경을 수리하는 기술자쯤으로 불려야 될까요.
아니면, 갓 잠에서 깬 개구리들의
밀항 루트쯤으로 불러도 될까요.

빗소리는 초록들의 모스부호일지도 모릅니다.
그건, 살구가 떨어지는 일이나
낡은 마룻바닥을 딛는 소리와도
일면 닮아 있을 테니까요.

제3부

부류

문득, 부류라는 말이 떠올랐다.

유사 이래 수백 종의 부류들이
분류도 없이 사라졌다고 한다.
분류가 사라진 부류들은 외롭고 쓸쓸하다.
가령, 나그네 비둘기 떼가 지나가던
서부 개척 시대의 어느 어둑한 마을의 반나절이
미국의 어느 동물원에서 한 마리로만
분류된 그 많던 부류는 멸종했다.

부류가 흩어지면서
가족이 되고 각자의 호칭들이 된다.

지극한 자세

자세를 허물면 행동이 되는 걸까요
지극한 자세와 안간힘을 쓰는 자세는
또 어떤 차이가 있을까요
그러나 허물어지지 않는 한 자세를
행동으로 고치는 것을
안간힘이라 해야 할까요

밀물을 피해 뻘밭을 빠져나가는
느릿한, 느릿할 수밖에 없는 자세들
발 빠른 행동은 다 써버리고
급급한 마음의 자세들만 남은 노인들이
밀물에 밀려가는 그런 자세들,
하루하루를 바퀴로 실어 나르는 구부러진 자세들
늘어나는 가지를 지탱하기 위해
아래로 뿌리를 내리는 나무들의 자세들
저녁이면 어김없이 서쪽으로 낮게
드리우는 산 그림자의 자세들
기어이 낮은 곳으로만

쉼 없이 흐르는 물의 자세들

모든 수식을 버린 자세들
본능을 자제시키면서 본능으로 치닫는
누가 보아도 명징한 대답 같은
그런 자세여야만
극진을 붙일 수 있을 것입니다

파랑 채굴기

콩나물이 그렇고
하늘 본 감자가 그렇다.

자칫 보자기를 잘못 덮어 놓으면 그 틈으로 콩나물은 파랑을 채굴한다. 보이지도 않는 파랑 속으로 그 대가리를 들이민다.

검은 보자기를 덮어 놓았는데 색깔은 노랑에 조금 빠지는 색이다. 본색을 눈치채지 못한 색이다. 무색의 물을 마신 콩나물, 조그만 틈이 생긴 바깥을 아무 색이나 파랑이라고 우기듯 채굴한다.

감자는 하늘을 본다고 한다.

하늘을 본 감자도 파랑을 채굴한다. 감자는 밋밋하고 포근포근한 맛을 가지고 있지만 하늘 본 감자는 아린 맛인 걸로 보아 하늘은 별로 맛있는 맛이 아니다. 다만, 콩나물의 파랑은 살짝 비릿하고 어리둥절한 맛이다. 고소함이 덜한 것으로 보아 살짝 철이 든 맛이다.

    우리가 보지 못하는 색깔들이 환한 빛 속엔 무수히 많다. 색에 관해서라면 토마토와 자두 콩나물들에게 물어봐도 좋을 것이다.

    드드드, 빛을 파내는 소리도 없이 반나절, 파랑이 채굴되었다.

    금방 미용실을 다녀온 딸아이 같은 콩나물이 촘촘하다.

빗물여관

소나기 내리고
움푹 패인 곳마다
한 뭉치 빗물이 고여 있다.
바짝 달궈진 반나절 또는 흐릿한 며칠 동안
저곳들은 빗물의 여관이다
소금쟁이 몇 마리 띄워 부력 가득한
숙박계를 쓰게 하는
얼룩진 꽃무늬 벽지는 아니더라도
사과꽃 홑겹으로 떠 있는 곳
바르르 저 혼자 떠는 전깃줄과
건물의 한 귀퉁이가 들여다보는
푸른 하늘과 맑은 구름 조각이 걸려 있는
투명하고 맑은 여관은 단칸방이다
폭우 끝에, 혹은 소나기 끝에
잠깐 고였다 사라지는 빗물여관
저의 몸을 말리는 일로 숙박료를 지불하는
지구에서 가장 낮은 곳에 있어
가끔 수면을 팽팽하게 늘이는 며칠 지나고 나면

덜컹거리는 허방이 찾아드는
우기에만 잠깐 문 열었다 폐점하는 빗물여관
그 어떤 것들도 지속되지 않는
느닷없는 공중의 손님이 머물렀다 가는
지상의 낮은 여관
고였다 가는 여정들이라면
누구든지 머물 수 있다

접이식

접이식 우산, 접이식 의자
세상에 있는 모든 접히는 것들은
그 부피를 줄이는 일이겠지

그런 일 부지기수인 사람이 있지
여차하면 접은 일들로
더 접을 곳 없지

하도 접어서 접선끼리 겹치는 곳이 많지
그런 접은 흔적으로 쉽게 접거나 쉽게 버릴 수 있는
종이비행기나 종이배 같은 것은 셀 수 없이
만들어 낼 수 있지
그런 사람은 그러는 동안 참 편리한 사람이 되었지
이리저리 쉽게 옮기고
한쪽 구석에 접어서 세워둘 수 있는
혹은 쓰이지 않거나 까맣게 잊히기도 하는
그런 사람이 되었지

밤마다 접선을 가진 사람들이
아무도 생각해 내지 못한 모양을
꿈꾸고 있다면, 연습하고 있다면
접을 수 있는 접선이 더 이상 없다면
최근에 접은 접선을 아무도 믿지 않겠지만
놀라운 일이란 아무도 믿지 않는 일들 속에서
툭 튀어나오는 일이지

다행히
여러 번 접힌 사람은
또 여러 번 펴질 수 있는 사람이지

나무들의 문자

나무들의 문자는
계절학습을 통해 읽혀진다
세상의 문자들은 나무의 헌신으로 완성되었다
페이지라는 말,
한 권이라는 묶음 말
나무가 없었다면 존재할 수 없는 말

그런 나무들이 문맹일 리가 없다

나뭇가지들은 나무의 페이지들이다
온갖 새들이 새겨 놓고 간
날개의 활자들은
나무에게 날아오르는 법을 알려 주었을 것이고
붙박이 활공법의 언어를 가르쳤을 것이다

이파리만 하더라도
연두와 파랑과 붉은색까지
몇 가지로 표현을 한다

그러니까, 눈이 쌓인 나뭇가지는 백지다
겹겹이 바람을 몸에 새기고,
소리는 가지 끝에 매달아 놓는다
자벌레를 통해 거리를 표현한다
ㅅ, y, ㄱ
자연의 교본엔 모국어가 따로 없다
세상에 무수한 책들이 존재할 수 있는 것도
나무들의 헌신 덕분이다

그러므로 한 그루의 나무는
한 권의 책이다

집배원

세상의 주소들은 다 문밖에 있고
편지봉투를 옮겨 다닌다네.

자, 저기 방금 오토바이를 타고 골목을 빠져나간 집배원을 뒤져볼까 꼬리를 흔들며 귀가 넘어가는 개 몇 마리와 빨간 장미의 담장과 반송되는 세상의 몇몇 이름들과 독촉장과 외딴집이 털려 나올 것이네.

그러니까 몇 개의 마을이 저 집배원을 따라 달리고 있다네.

불명의 주소지로 이사를 간 집도 새로 이사 온 집도 모두 집배원을 알고 있다네. 산골마을에 다녀온 날엔 울퉁불퉁한 비포장의 온갖 새소리들이 새겨지고 한 소솜을 따라가던 바람과 나뭇가지 사이로 난 햇살이 우표도 붙이지 않고 따라오곤 했다네.

지난해 봄엔 어느 꽃피는 장면을 목격했고 어느 집 주소에서는 몇 마리 딱새 새끼들이 이소한 공중의 주소를 알아내기도 했다네. 세상의 주소들이 다 문밖에 있는 건, 둥그런 바퀴가 굴러간 자리마다 아랑곳하지 않고 바람도 빠지지 않은 꽃들이 피기 때문이라네.

 내가 어렸던 어느 봄날,

 낮은 빨랫줄에 앉아 있던 제비를 맨손으로 잡아 우편행낭에 반쯤 지워진 제비와 바꿔치기하는 걸 본 기억도 있다네.

흙 박물관

지상으로 고개를 내밀고 있는
꽃들과 풀과 나무들의 건축물은 아름답죠
그건, 다 흙의 박물관들이어서 그렇죠
계절과 환경의 각도들을 순회하며
땅속과 흙의 본성들을 전시하는 것이죠
아주 오래전 동식물의 침식과
바람의 분쇄를 거친 바위들로
흙은 쌓이고 이타적으로 생성된 거죠
그러나 아무리 땅속을 뒤져봐도
빨간 사과의 색깔과 모양
꽃의 종류들은 찾을 수 없지만
그것은 한 아이에게서부터 시작된
무수한 어머니들과 아버지들의
가문을 생각하면 쉽게 풀어지는 의문이죠
아마도 우주에서 이만한
노천 박물관은 찾아보기 쉽지 않겠죠
흙의 질서는 힘이 세서
각자 다른 식물의 모습들이지만

그 뿌리는 비슷하게 닮아 있죠
바위들도 살펴보면 모두가 흙 위에 놓여 있죠
반대쪽이라고 믿고 있는 곳들이나
은혜가 시작되고 번성이 이루어진
그런 곳들도 다 흙의 유적지죠
무료로 관람할 수 있고 휴관이 없는 박물관,
어제는 하지였고 감자를 삶아 흙의 맛도 보았죠
흙에는 여러 가지 색과 맛이 있지만
보라, 분홍, 그리고 하얀 맛과
달달하고 부드러운 색깔들이
지상의 날들을 위해 꾹 참고들 있죠
또 땅속엔 도움들의 종류와
무수한 식물들의 설계도가 빽빽하죠
성실히 일한 농부들을 위해 가끔
흙이 쉬는 계절도 있긴 있답니다

쓴물

삼킨 것을 되새김질하는
짐승을 보면 꼭 반성 중에 있는 것 같다
네 개의 위장을 두고
반성과 허겁지겁을 분류해 놓고
무릎을 꿇고 앉아 또 지그시 눈 감고
천천히 되새김질하느라
소의 입은 낮부터 밤까지 바쁘다

아무리 단맛을 먹어도
느닷없이 올라온 속은 쓴맛이다
이것저것 섞인 끼니들을 삭히는 맛은
쓴맛이라고 알려주는 것이다
그런 쓴맛을 곱씹는 짐승들은
어쩌면 쓴맛 중에서도 또 놓친 것들이 있어
찬찬히 살피는 중일지도 모른다

누군들 쓴맛을 기억하고 싶을까
다만 단맛에 지치다 보면 쓴맛도 나름

괜찮은 맛이라고 되새기는 것인데
혀가 속인 맛에 가끔 속이 탈 날 때도 있는 것처럼
결국, 쓴맛을 기억해서
삼키고 내보내는
양쪽은 또 가장 먼 사이다

세상, 회피한 쓴맛
알고 보면 내 속 깊숙한 곳에서
열일하고 있는 중인 것처럼
소의 되새김질은 그런 종류의
반성과 허겁지겁 사이에 있을 것이다

빈손의 바통

몇십 바퀴의 트랙을
전력을 다해 돈 것 같은데
내 손엔 그 흔한, 건네받은 바통 하나
들려져 있지 않다
빈손을 이어받으며 여기까지 달렸거나
바람이나 햇살 같은 무형을 쥐고
달렸다는 뜻이겠지
제각각 바통을 든 사람들과
트랙을 한참 돌다 보면
그들은 하나씩 둘씩 바람처럼 나를 제치고
빠르게 앞으로 나아갔다
가끔은 이런저런 바통을 건네다 떨어뜨려서
실격되는 사람도 본 적이 있다
아마도 제 것 아닌 것 받으려 했거나
너무 꽉 쥐려고 했을 것이다
바통을 놓치면 넘겨주는 사람도
받는 사람도 둘 다 실격이다
그러니 어쩌면 빈손을 넘겨주고

그 빈손을 받고 또 열심히 뛰고
그런 일이 훨씬 속 편한 일인지도 모른다
받은 것 없으니 놓칠 일도 없다
속 편한 사람보다는
손이 편한 사람도 괜찮을 것 같다
내 손은 비어 있으니
아무나 와서 잡아도 괜찮다

연기의 발명

연기 없이 인류는 추웠다

너무 따뜻하거나 추운 것은
두려움으로 치부되었다

눈 덮인 세상엔 연기 따윈 없었다
마치 불의 마개 같은 연기가 열리고
불은 중력을 거슬러 날았으므로
그저 날개의 일종이려니 했을 것이다
나무들이 고르는 깃털이려니 했을 것이다

처음 하늘에서 내려온 불은
사람들을 둥글게 모았다
불은 각이 지지 않아서
그때부터 둥근 모임이 생겼을 것이다
발명된 연기는 그 어떤 의복보다도 따뜻했다
바늘도 소매도 허리춤도 없는 옷
둘러앉은 사람들이 한꺼번에 껴입는

한 벌 열기의 옷

숲을 지나고 아궁이를 지나서 굴뚝을 세운 불
지구는 우연(偶然)을 굴러가고
인류는 반짝거리는 문자를 광속으로 전송한다
연기는 언제든지 불길을 쏟아 놓을
준비가 되어 있다
너무 가볍지만, 인간의 몸 하나쯤은
거뜬히 날려 보낼 수 있다

수동적인 비누

비누가 비눗곽에 놓여 있다
많이 닳아 있다
어떻게 무엇을 찾아가지 않고도
저렇게 깨끗하게 닳을 수 있을까
비눗곽 속에 가만히 있었을 뿐인데
겹겹의 거품이 일 때마다
마치 모양 없는 무형처럼
닳을 수 있었을까

수동적인 사물들
모양 없는 것을 문에 달아 놓으면
결국엔 손잡이 모양이 된다고 하는데
어쩌다 능동을 잃는 손과 발이 생겨서
사람은 본래의 체형으로 늙고 있을까
한 일생에서 두 모습을 본다는 것처럼
끔찍한 일이 또 있을까
수동적인 비누가 닳아질 때마다
한집에 사는 사람들은 같은 냄새와

비슷한 미끄럼을 갖게 되었다
또한 본래의 체형이 다른 모습으로
바뀌는 것을 매일매일은 눈치채지 못한다

때때로, 더러운 능동이
수동적인 비누를 찾아갈 때
거짓이 겹겹의 거품으로 부풀고
한없이 미끄럽고 무형으로 닳아 버리는
그때는 능동과 수동이 처지를 바꾼다

능동이 수동을 만나
지나간 일을 없애다 보면
수동엔 당연한 일처럼
현재가 닳는다

나무들의 아가미

겨우 한 모금의 숨을 들이켜 놓고도
웬만한 심호흡은 다 해 보았다.
큰 고함을 밀어내기도 했고
숨을 조이며 숨죽여도 보았다.

작은 보리수 열매만 한 부레와
아가미만으로 바다의 큰물을 상대하는
물고기들의 일생에 비해
나무들은 아가미가 참 많다는 생각을 했다.
공기 호흡과 광합성과 뿌리 생활자를
두루 겸하고 있는 나무들은 다
과 호흡하는 존재들.

겨우 현재라는 몸은 도달해 있지만
우리의 몸엔 우리가 다가갈 수 없는 영역들이
곳곳에 숨어 있다.
찾아보면 내 손으로 닿을 수 없거나
볼 수 없는 것들

내가 아닌 또 다른 나인 것들이
스스로 제자리를 지키고 있다.

그런 곳이 내 몸에는 분명, 있는 것이다.
겨우 한 모금의 숨을 들이켜고도
큰 소리를 밀어내는 이유처럼
아가미질을 멈춘 물고기처럼

잎이 다 떨어진 나무들이
건어물처럼 서 있다.

야생

꼭꼭 씹어 먹어라,
그 말들이 쌓여서 끈기가 되었다.
질긴 것들을 그악스럽게 뜯은
그것들로 내가 존재한다.

송곳니에서 다만 어금니로 옮겨 왔을 뿐인
야생의 과정이었다.

가끔 질긴 음식을 대할 때 어떤 상대 앞에선 저 깊숙이 숨어 버린, 뼈만 남은 꼬리가 분별없이 흔들리는 것을 느끼면서 야생의 기록들은 모두 숨기고 대신 상대의 표정을 얻어다 쓰는 곤궁한 날들이었다.

알고 보면 누구나
속 깊은 곳에 자주 체하는
짐승 한 마리를 풀어놓고 키운다.
사람들은 없는 꼬리뼈를
가끔 다치기도 한다.

제4부

말의 바닥을 보아야겠다

가끔 감정이나 말투가
말의 크기를 넘칠 때가 있다.
이야기를 아주 잘하는 친구의 말에선
작은 개울물 흘러가는 소리가 났다.
때론, 누군가 돌을 던졌거나
개구리가 뛰어들면
말소리에 높낮이가 생기기도 한다.
그러니까, 가끔 말의 밑바닥을
파주고 넘치지 않도록 해야 한다.
말은 조금만 불어나도 넘치니까
퇴적층은 지레짐작쯤 되니까
가라앉은 말투를 파내면
마음은 늘 귀보다 아래쪽에 있어서
귀에서 마음으로 말은 흘러간다.
침을 삼키면, 귓속에서
풍당 소리를 내는 것처럼.

멸종 중인 굴뚝들

굳이 따진다면
검은 고래의 한 종이라 할 수 있습니다
아궁이라 불리는 입이 있고
굴뚝은 꼬리지느러미쯤 되겠습니다

굴뚝은 흰 연기를 공중의
연안쯤에 풀어놓기를 즐겼습니다
길게 풀어지는 연기엔 깊은 수심이 그렇듯
그 흔한 매듭이나 마디조차 없었습니다
연기는 물처럼 흐르다가 가끔은 방향을 읽어내고
변덕스러운 바람을 보여주곤 했었습니다

사람들은 구들을 일컬어 고래라고도 합니다
검은 고래가 뿜어내는 흰 물줄기처럼
그 속은 검게 그을렸지만
굴뚝이 품어내는 연기만큼은 늘 흰색이었습니다

불에서 그을음을 모두 빼놓고 나면

흰색만 남는다는 것을 보여주었습니다
붉은색이 검은색이었다가 흰색이 되는
일종의 색조견표이기도 했을 겁니다

언제부터인가 아궁이가 사라지면서
어종들이 사라지듯 공중의 연기들도 사라졌습니다
멀리까지 풀어지던 저녁은 어디에 있습니까
풍향계를 자처했던 굴뚝들은 지금 멸종 중에 있습니다

천적이었던 굴뚝들이 사라지면서
숲은 더욱 우거질 것입니다

송편

식구들이 둘러앉아 송편을 빚는다
딱딱하기만 한 객지에서 돌아와
잘 치대진 반죽 덩어리 하나를 놓고 보니
이렇게 말랑말랑한 것이 또 있을까
세대에 막론은 있겠지만
각론이 없어 송편 빚는 법은 모두 같다
그저 제 손아귀의 요량으로
잘 쥐기만 하면 되는 것
둥그런 소반에 죽 늘어놓으면
각자 세상을 움켜쥐고 있는
나름의 깜냥들이 보인다
제법 모양을 낸 어른들과는 달리
아이들이 쥔 세상은 아직 그 형태가 없다
제각각 쥐었다 놓은 세상은
잘생기고 못생긴 하루하루들 같아서
아무리 좋은 손재주를 갖고 있는 사람도
정성을 묻히는 손의 모양은 또 다르다
결국 저의 손이 만든 모양은

자신들이 먹어치우게 되어 있다
쥐었다 놓은 손아귀 힘 속에는
달콤하고 고소한 풋콩 몇 알과 꿀이
똑같이 들어 있는 것처럼
위태롭게 쥐고 있는
세상의 어느 손잡이들에도
풋콩 같은 것들이 들어 있을 것이다

망가진 것들의 합산

도시의 외곽에 있는 고물상은
거대한 자석 덩어리일까,
인근의 고철들은 다 그곳으로 몰려든다.

그곳엔 망가진 것들을 합산하는
저울이 있다.

본연의 무게와 그 무게의 환산을 돕는 저울이 있는가 하면 더 이상 쓸모없는, 쓸모없음의 마지막을 다는 저울도 있다.

본연의 무게에서 빠진 무게들은 무엇일까, 찌그러지지 않은 각도와 긁히지 않은 매끈한 표면들이거나 끊기지 않은 회로의 접점들, 또는 뜨겁게 끓어올랐던 열전도와 다급하게 식어버린 밑바닥들.

혹은, 안쪽과 바깥쪽의 질량이거나 다만 손잡이 하나가 떨어져 나간 난감한 무게, 찌그러지고 망가진 무게들이 떨어져 나갔는지 더해진 것인지는 잘 모르겠다.

그 빠져나간 본래의 금액과 그 차액을 환산하면 몇 년 동안의 편리함 정도일까.

빠져나간 만큼 더해진 낡은 더께들과 망가진 것들이 올려져 있는 저울.

생활에 부역한 흔적들이 바르르 떤다.

물결무늬 원단

  엄마 돌아가시고 몇 벌
  홑겹의 봄과 여름을 태웠다.

  성품을 걸치고 다니듯 다분했던 엄마의 봄과 여름은 단색이었다. 꽃은 꽃피는 철에게 주고 흰 눈은 어둑한 공중에게 주었다.

  그 어느 것도 옷감에 붙잡아 두지 않았다.

  구불구불 바람에 흩어지는 연기는 꼭
  엄마의 단색 단벌을 닮았다.

  아직 따뜻한 분골(粉骨)에 물결무늬 원단 한 필을 입혀 드렸다. 한창 윤슬이 바쁠 때 물결 일렁이는 흰 바람을 한올 한올 엮고 한땀 한땀 윤슬로 바느질하고 무풍으로 다림질하여 물옷 한 벌 지어 드렸다.

  치수 따윈 재지 않았다.

치마와 저고리도 구분하지 않았다.

홑겹의 봄과 여름을 태우며 흰 연기 몇 필은 북서풍 쪽으로 주고 희뿌옇게 남은 연기 몇 점 눈가에 흐릴 때

연기도 없는 불 한 덩이가 들썩였다 꺼졌다.

껴입은 사람

막론하고,
껴입은 사람은 지금의 날씨를 모른다
부피가 아니라 외피가 두꺼운 사람은
자신의 온도 또한 모르는 사람이다

옷은 사람의 모양이 아니라
날씨의 모양이어서 겹겹의 날씨를 껴입고 있다

때론 한 겹으로도 더운 건
사람이 겹겹이 되었다는 뜻이다
그 겹겹 속으로 숨어들었다는 뜻이다
만약 그렇게 껴입고도 춥다면
가장 안쪽 살이 닿는 한 겹을
추위로 입고 있다는 증거다

너무 많은 옷을 껴입은 사람은
옷을 벗는 법을 모를 수도 있다
몇 벌이고 따지지 않고

자신을 껴입은 사람의 모습은
고집의 일종일 수 있다

계절과 먼 사람, 계절이 바뀌어도
알아채지 못하는 사람이 되었다면
겹겹의 당신을 버리라고
벗어버리라고 말해 주어야 한다

시간을 에워싸고 있는 지금의 날씨를 모른다 해도
어떤 날씨의 기억들이
비밀처럼 겹겹의 옷을 벗겨낼 수도 있다
내어주지도 받아들이지도 못하는 사람이라면
차라리 오들오들 떠는 사람이 되어 보라고
말해 주어야 한다

쓴맛

쓴맛 단맛 다 보았다는
노인들일수록 쓴맛을 즐긴다

동병상련,
쓴맛은 쓴맛을 위로하는 것일까
쓴맛이 강한 식물일수록
그 존재는 또 온순하다

단맛이 나는 식물일수록 가시나 줄기를 늘이며 스스로를 방어하지만 쓴맛의 식물은 뜯긴 다음에야 자신의 맛으로 방어하는 것이다

또, 쓴맛 나는 식물일수록 봄볕을 빌려 돋는다
양지를 찾아다닌다

높이를 배우지도 못하고 그렇다고 영악한 가시를 배우지도 못한 어느 노인에게, 입이 쓰다며 며칠 곡기를 끊은 노인에게 다디단 이름 하나를 입속에 넣어주어야 한다

생각만으로도 입안에 단물이 고이는 이름
아무리 깊게 넣어도 단번에 꺼낼 수 있는 이름
쓴맛 위에 새겨둔 봄볕 같은 이름
이름에도 달고 쓴 이름이 있다

꺾거나 뜯으면 하얗게 묻어나는 쓴맛
쓴맛을 가진 식물들은
단맛을 감추고 있다

난간을 만날 때마다

난간은 어느 쪽으로든 넘어질 수 있다.
처마들은 비의 끝이어서
난간의 목록에 들기에는 하염없지만
기슭이나 언덕에 축대를 쌓고
땅 끝에 기대어 있는 난간들은 원래
아버지들의 허물이었다.
언덕 위 집들은 대부분 난간에 걸쳐 있지만
난간보다 오히려 집이 더 아슬아슬했다.
그건 비를 밀고 온 지붕의 끝과도 닮았다.
아버지들은 변명한다,
주먹의 끝에도 빈손이 있다고
어느 쪽으로도 넘어질 수 있는 난간을
당신들에게만 맡겨 놓곤 했다.
우리는 아버지들을 믿고, 밀어붙이고
그리고 당신들은
우리에게로 넘어졌다.

가을이 닮은 동네

권역은 빠르게 이동한다.
한 컷의 속도로 전송되는 계절들
한참을 차를 몰고 가다가 바라본 마을에
사람들이 살고 있는 지붕들이거나
그늘의 비수기를 향해 이파리를 떨구는
늙은 느티나무 모습으로
우리 동네랑 꼭 닮은 가을이 그곳에 있었다.
할머니들의 말에 의하면
살면서 누구를 무수히 닮으면서 왔노라고 했다.
그래서 느리게 혹은 빠르게
이날 이때까지 도착했노라고 했다.
나도 누굴 닮았다는 말을 꽤 여러 번 들었다.
어떤 날은 엄마의 얼굴을 빌려오고
또 어떤 날은 아직 어린 딸의 얼굴을 빌려오는 일
태어나는 일도 죽는 일도 우리는 닮았듯
나는 또 나를 닮으며
생전 처음들을 향해 간다.

망종 무렵

왜 하필 등이 가려웠을까요
엄마는 손바닥으로 등을 긁어, 아니 쓸어 주었는데요
쓱쓱 문질러 주었는데요
등엔 유월의 들바람이 불어가고
불어오는 얕은 공중같이
보리밭 몇 평이 등에서 이리저리
쏠리는 것 같았지요

엄마의 까끌까끌한 손바닥엔
시원한 나뭇잎들이 이리저리 쏠리고
강여울이 작은 물방울들을 상류로 올려보내고
한여름 마룻장같이 시원했는데요
헝클어진 생각도 단번에 모을 수 있는
무거운 눈꺼풀이 내려앉고
간지러운 잠이 들곤 했었지요

망종 무렵이라는 말
그건 아무래도 나를 비롯한

이 땅의 아들딸들의 또 다른 호칭이 아닐까요
어느 자식치고 껄끄럽지 않은 자식 있을까요

그래도 그 까끄라기에서 나온 보리쌀로
옛날 엄마들은 또 한 절기를 거뜬히 채워 넘겼다는데요,
보리싹마냥 따끔거리는 나이를 지나는
망종 무렵들이 모여
오늘 밤은 서로 등을 갖다 대어 보는 것이지요
유월의 들바람이 보리밭 몇 평이,
마음에서 이리저리 또 쏠리겠지요

공중을 고치다

누가 불렀을까, 저기
안전모를 쓰고 전봇대를 올라
공중을 고치는 사람
얽히고설킨 난전파를 닮은
찔레 덤불일까 아니면 어머니 즐겨 보시는
일일연속극 몇 회분일까
찔레 덤불 사이로 송출된 햇살에
통통 살 오른 연하디연한 찔레 순이 올라오고
때마침 흰 찔레꽃들 툭툭 꺼진다
연속극 다음 회 미리보기처럼
끊어진 공중을 연결하고
느슨해진 채널들이 조여지고
이른 호박꽃들 닫힌 안쪽으로
귀를 기울이는 때에
집집의 과열이 저 공중의
한곳으로 모두 몰려가 고장 나고
다시 고쳐진 공중이
알아서 집집을 찾아 들어갈 때

이마에까지 잡히는 가지런한
송출신호들에 웃는 어머니
마침 하늘에선 다 삭아 힘없이
끊어지는 전선들과 난전파들인 양
빗줄기가 쏟아진다

전정

나뭇가지 사이엔 가끔 사다리가 있다.

꽃들은 모두 허공의 편이고 과일들은 사다리 끝에서 한 뼘 더 도는 일이다. 전정은 그런 나뭇가지들을 사다리 근처에 붙잡아 두는 일이다.

유실수들에겐 그해 못인 열매들의 개수가 있다. 빨간 사과들은 태양의 저울질들, 이쪽저쪽을 옮겨 다니며 익어가는 빨강들

우리의 묻고 대답하는 놀이엔 선뜻 대답할 수 없는 것들이 많다. 가령 비밀은 쉽게 발설할 수 없어서 입 없는 내면에 둔다. 그 어느 쪽으로도 웃자랄 수 있다면 그건, 태양빛의 반경일 것이다.

작년의 나무는 그해의 그늘 위치를 잰다. 작년, 첫서리의 일기예보 끝에 서둘러 몸피 속으로 들여놓았던 이파리들이 다시 돋아나오고 있다. 손톱 같은 새순들, 그 새순들을 건드리며 지

나가는 밤하늘의 달,

　나무들이 쉬는 달에는 대신 별들이 매달렸다 간다.

　달을 건드리는 나뭇가지처럼 가끔 따끔거리거나 귀찮은 것들이 있다. 이쪽에서 걱정이나 간섭은 몇 개의 눈금을 남겨두고 잘라야 하나, 어느 쪽 걱정부터 잘라야 하나 고민하지만 결국엔 남쪽 걱정을 세 마디 눈금쯤에서 잘라낸다.

　다만 사다리는 자라지 않는다.

느낌의 순도

느낌표의 힘은 직립에 있다.
나무들은 하나같이
태양을 충분히 이해하는 자세들이다.
빛이 짙거나 엷어지는 이유와
어제를 이해시키는 오늘,
햇빛의 순도에 따라
질문을 활짝 열어놓는 대답들.
직립으로 팽창되어 있다가
순간을 터트리고 땅으로 떨어지는
까만 씨앗 하나를 이해시키려
색색의 꽃을 피우는 분꽃의 입증 방식은
그중 압권이다.

흘린 씨앗을 확인하려면
다음 해 봄까지 기다려야 한다.

해설

나는 모두의 비유다

장예원(문학평론가)

1. 스스로 중심을 벗어나 외곽이 되는 일

아이가 울자, 사람들이 모여든다
우는 아이는 중심이 되고
황급한 곳이 된다

중심이 된다는 것은
단맛을 찾는 일이었을까
세상의 단맛들이 쓴맛으로 돌아서는 일을 겪는 동안
아이는 중심을 헐어낸 존재가 자신이었다는 것을,
그악스럽게 울어댄 일들이

다름 아닌 중심을 찾으려는 일이었다는 것을
다 자란 중심이 되어서야 알게 된다

더 이상 주변을 불러 모을
울음이 남아 있지 않을 때
스스로 외곽이 된다

달래는 일도, 울음도 남아 있지 않을 때
그때 중심에서 벗어날 수 있다

—「우는 아이」 전문

  누구나 유년기에 원하는 것을 얻기 위해 떼를 쓰거나 울어 본 적이 있다. 그 순간 "우는 아이는 중심이 되고/황급한 곳이 된다". 하지만 아쉽게도 추억이라는 이름의 기억이 시작되는 순간부터 유년의 시기는 끝이 난다. 아마도 그 시기부터는 이제 그악스러운 울음만으로 사람들을 모여들게 하지는 못할 것이다. 아이였을 때 중심이 되는 일이 그저 "단맛을 찾는 일"에 불과했다면 자라서는 "세상의 단맛들이 쓴맛으로 돌아서는 일"을 감당해야 한다. 조금씩 "중심을 헐어"낼 수밖에 없는 것이다. 어른 대접을 받으려면 값을 치러야 하기 때문이다. 가능한 것도 불가능한 것도 없는 불확정성의 시절을 버틴 후 끊임없이 자신을 재구성하고 재배치하면서 어느 순간 맹목적으로 찾으려는 '중심'에 대해서도 성찰을 하게 된다. 중심이란 무엇일까? 중심이라는 어휘는 이미 상대적인 공간으로서의 주변부를 상정한다. 사회적 위치, 삶의 방식, 향유의 대상 등 인간의 삶을 구성하는 거의 모든 것을 포함하고 있다. 때로는 중심을 향하느라 주변부를 외면하고 하찮게 여기는 오류를 저지른다. 이러한 중심을 향한 자발적 충성은 주변의 자기 소멸은 물론 중심의 권력을 지속시키고 정당화하는데 그것은 일상에서 다양한 양상으로 드러난다. 우리가 오랜 시간 동안 젊어지고자 노력하고 자기 계발의 신화들을 모방하며 적절하게 웃고 우는 방법과 침묵마저도 배우려고 애쓰는 것. 그뿐일까? 타인보다 더 낮은 가치로 환산될지도 모른다는 불안 때문에 완벽하게 자유롭지도 마음껏 행복하지도 못한 일상을 당연하게 여긴다. 누구나 노력하면 중심이 될 수 있다는 생각에 자신을 착취하며 불안, 소외와 함께 피로라는 심각한 증세에 시달리기도 한다. 어쩌면 중심이 침범하지 않는다면 우리는 자신을 지키는 충분한 만족을 가지게 될지도 모를 일이다. 이러한 자각은 중심을 헐어내고 또 헐어내서 "더 이상 주변을 불러 모을/울음이 남아 있지 않을 때" 비로소 "스스로 외곽이" 되는 자존감을 만들어낸다. 중심의 환영 속에서 하루하루 자신을 버리면서 그것의 부속품으로 열심히 기능하는 것을 그만둘 때, 아직은 소진되지 않고 남아 있는 영혼을 보유하고 살려낼 수 있다. 이를테면 "달래는 일도, 울음도 남아 있지 않을 때/그때 중심에서 벗어날 수 있다"는 말이다. 그것은 자신과 타인을 비추는 거울을 여러 개로 늘려 "반사되는 얼굴들을 조각"으로 만드는 일이고 "조각난 거울 속을 한데 모아/와장창 깨지는 일"과도 닮았으며 "생각과 오래 대화하는 일"(「남생각을 했다」)을 거쳐야 하는 작업이기도 하다.

  이렇듯 박은숙은 자신의 첫 시집의 첫 시로 「우는 아이」를 내세움으로써 자신의 성장기였을지도 모르는 사유들과 문제의식을 드러낸다. 마치 성장영화가 우리에게 질문을 던지듯 세계에 엄연히 존재하나 어른이 된 이후에는 그저 거론하기를 잊어버렸거나 언급하기 귀찮아하는 문제들을 섬세하게 시적으로 재구성하여 펼쳐 보인다. 그녀는 분명 "세상, 회피한 쓴맛"이 "알고 보면 내 속 깊숙한 곳에서/열일하고 있는 중인 것처럼", "소의 되새김질"이 이것저것 섞인 쓴맛을 곱씹으며 "쓴맛 중에서도 또 놓친 것들이" 있는지 찬찬히 살펴보는 "반성과 허겁지겁"(「쓴물」) 사이에 있을 행위임을 안다. 또한 "너무 환해서 고달픈/속속들이의 불빛들"에게 "자신의 경계를 잠시 비우고/어둠이 되어 보라고 설득해 본 적"(「불빛을 설득하다」)도 있어 보인다. 그렇다면 이 지점에서 우리는 물을 수 있다. 그녀가 스스로 "중심에서 벗어날 수" 있게 만든 풍경들 그리고 "스스로 외곽이 된" 이후의 세계들은 어떠할까? 이 질문은 "모두 술래가 되길 싫어하지만/결국 술래가 되어 자신도 찾지 못하는 곳으로 숨어든/자신들을 찾으러"(「나의 술래」) 다

닐 수밖에 없을 때 그녀가 스스로에게 던진 "나는 누구의 비유였을까"(「비유의 계산법」)라는 물음과도 닮아 있다.

2. 외곽이 되어 바라본 풍경들

"나는 누구의 비유였을까" 이 질문에 답하기 위해서는 먼저 박은숙이 지향하는 정체성의 흔적들을 찾아야 한다. 우선, 그녀는 지금 여기에 있는 내가 온 세상에 흩어져 있는 나의 일부임을 아는 듯 보인다. 우리는 세월이 두툼한 두께를 입었을 무렵 오랜만에 재회한 친구에게서 나를 발견하기도 한다. 어린 시절 꿈꾸던 것들이 하나도 이루어지지 않았어도 만나서 서로 얼굴을 풀어헤치며 헤헤거릴 수 있는 친구. 그 친구의 미소는 잊고 있었던 시절의 나를 불현듯 상기시킨다. 그것은 아무도 밟지 않은 새하얀 설경을 바라보았을 때, 혹은 산의 정상에서 동트는 해를 맞이할 때 맥락도 없이 불쑥 내 품 안에 들어오는 어떤 느낌과도 유사하다. 이러한 방식으로 내가 마주치는 모든 대상은 나의 자아를 넓히고 관심의 영역을 확장한다. 그 순간들이 모여서 나는 끝없이 다시 태어나고 성장하는 것이다. 인생의 새로운 모퉁이를 돌 때마다 낯선 자아를 만나서 나를 다른 색으로 물들이고 상대의 영혼에도 다른 색깔들을 입힌다. 이 시집에 나오는 다양한 주체들은 이렇듯 돌아다니며 스며들고 감싸면서 자신의 세계를 축조해 나간다. 「고산지대에서 교실 짓는 법」은 그 축조과정을 구체적으로 형상화하고 정체성의 창조란 점진적인 장소 설정 과정과도 유사하다는 결론에 도달한다.

> 네팔의 고산지대에
> 바람보다도 허술한 작은 교실을 짓는다
> 당나귀들이 자재들을 등에 얹혀서
> 좁고 위험한 산길을 오른다
> 교실 바닥은 넓적한 돌을 조금씩 맞춰가며 깐다
> 기둥으로 세울 목재를 등에 진 당나귀가
> 몇 번 발목을 접질리고 그래서
> 기둥들은 가끔 삐끗거리는 소리를 낼 것이다
> 지붕 덮을 자재를 옮기는 동안엔
> 비와 바람이 겹겹 스며들 것이다
> 그래서 지붕은 가끔, 빗방울 떨어지는 소리와
> 바람이 지붕 끝을 들추는 소리를 낼 것이다
>
> …중략…
>
> 네팔어 기초회화 교재가 실려 오는 동안
> 타르쵸 수십 장이 갈피마다 묻어왔다

더듬더듬 읽을 때마다

경전을 읽는 바람 소리가 섞일 것이다

교실 한 채가 나귀 등에 얹혀서

험한 길을 겨우 걸어왔다

　　　　―「고산지대에서 교실 짓는 법」부분

　네팔의 고산지대에 교실을 짓기 위해서는 "당나귀들이 자재들을 등에 얹혀서/좁고 위험한 산길을" 올라야 한다. 그 험난한 여로에서 당나귀는 기둥을 세울 목재를 등에 얹은 채 발목을 접질리기도 하고 지붕 덮을 자재를 옮길 동안에는 비에 젖고 바람에 쓸리기도 할 것이다. 나귀의 등에 실려 온 칠판엔 초록의 들판, 파란 하늘, 진녹색의 호수와 구름이 담겨 있고 창문 두 짝엔 오토바이 한 대를 따라가는 자욱한 먼지와 먼 듯, 가까운, 아지랑이와 방금 닦아낸 깨끗한 햇살이 함께 온다. 또한 네팔어 기초회화 교재엔 타르쵸 수십 장이 갈피마다 묻어오고 아이들이 더듬더듬 교재를 읽을 때마다 경전을 읽는 바람 소리가 섞일 것이다. 이 때문에 "교실 한 채가 나귀 등에 얹혀서/험한 길을 겨우 걸어왔다"는 말은 가장 정직하고 적합한 문장이다. 교실을 짓기 위해 필요한 자재들은 당나귀의 눈에 비친 산길의 풍경과 경험을 고스란히 자기화해서 품고 있다. 그래서 발목을 접질린 기둥들은 가끔 삐끗거리는 소리를 낼 것이고 지붕은 가끔, 빗방울 떨어지는 소리와 바람이 지붕 끝을 들추는 소리를 들려줄 것이다. 내가 지나온 다양한 장소에 흩어진 내가 존재하듯이 "바람보다도 허술한 작은 교실" 역시 네팔 곳곳의 장소는 물론 다양한 사물들과 함께한다.

    대부분의 나무들은 별자리들의 사이를 헤치고 나뭇가지 끝에 방향을 두거나 좌표로 삼곤 하였다

    하지만,
    주인을 따라간 나무들이
    수많은 별자리들을 헤집고
    새로운 좌표를 생성하기란 쉬운 일이 아닐 것이다
    앞마당의 나무였지만 뒷마당의 나무가 될 수 있으니
    애써 공부한 별자리들의 학습이
    낯설어질 수도 있다

    집들이 이사 간 외곽의 마을
    나무들이 본래의 습관대로 새로운 방향의 좌표를 만들면서
    별자리들의 흔적이 생겨난다

> 아마도 나무들이 자리를 옮길 때마다
> 지구에서 보이는 밤하늘에도
> 가끔은
> 재개발이 일어나고 있는지도 모른다
>
> ―「나무들이 따라갔다」 부분

 이렇듯 경계 지어 닫힌 정체성이 아닌, 무한대로 열려 있어 충만한 정체성의 생성은 「나무들이 따라갔다」에서도 읽을 수 있다. 여기에서 별자리는 나무의 위치 변화에 따라 새로운 흔적들이 만들어지는 유동성을 지닌다. 물론 이 유동성은 일방적이지 않고 서로 상호호혜적이다. 앞서 「고산지대에서 교실 짓는 법」의 소재들이 그랬듯 서로가 서로의 일부이면서 따로 있어도 함께 이동한다. 재개발지역에서 주인을 따라 옮겨간 나무들은 "앞마당의 나무였지만 뒷마당의 나무가 될 수 있으니" 변화된 자신을 담은 "새로운 방향의 좌표를" 생성해야 한다. 나무는 나무 위를 흘러간 별자리들을 그 가지에 얹혀 자신의 삶과 자신을 저 멀리 밤하늘로 띄워 보낸다. 그리하여 생겨난 별자리들의 흔적은 "아마도 나무들이 자리를 옮길 때마다/지구에서 보이는 밤하늘에도/가끔은/재개발이 일어나고 있는지도 모른다"라는 시적 상상력이 담긴 문장으로 남게 된다.
 그렇다면 정체성을 찾아 헤매다 그것에 못을 치기보다는

끝없이 외곽으로 나아가서 곳곳에 흩어진 자신을 발견하는 이들이 바라본 세계의 풍경은 어떠할까? 이들은 "세상의 단맛들이 쓴맛으로 돌아서는 일"(「우는 아이」)을 감당하고 조금씩 중심을 헐어내 본 경험이 있다. "누구든 발버둥 치는 쪽으로 진화하고/익숙해지고 곧 굳어졌을 테니/세상의 본모습들이란/힘껏 살아왔거나/버려진 증거들"(「활」)임을 아는 것이다. 또한 "구부러진 것들은 다/이해했거나 이해한 모양들 같다"고 "받아들이는 일과 내어주는 일을/흔쾌히 맞바꾼 흔적들 같다"고 애틋해하며 "가늘어지거나 휘어지는 것들"은 "약해져서가 아니라 약한 마음을/혜량한 일이다"(「혜량」)라며 헤아린다. 그래서 중심만을 향하느라 삶의 한 귀퉁이의 흔들림도 견디지 못하는 이들이 하찮게 여기는 망가지고 부서졌으며 구부러진 것들이 모여 있는 풍경에 연민을 느끼고 애정을 가진다.

그곳엔 망가진 것들을 합산하는
저울이 있다.

본연의 무게와 그 무게의 환산을 돕는 저울이 있는가 하면 더 이상 쓸모없는, 쓸모없음의 마지막을 다는 저울도 있다.

본연의 무게에서 빠진 무게들은 무엇일까, 찌그러지지

않은 각도와 긁히지 않은 매끈한 표면들이거나 끊기지 않은 회로의 접점들, 또는 뜨겁게 끓어올랐던 열전도와 다급하게 식어버린 밑바닥들.
―「망가진 것들의 합산」 부분

  물 밖으로 그를 끌어냈을 때
  사람들은 그의 꽉 쥔 손을 논했다
  그의 손에 잡힌 것이
  물 밖인지 아니면 물속인지를 두고 의견이 분분했다
  그는 마지막까지 자신의 숨통을 좁혀오는
  그 숨을 잡으려 했을 것이다
  마지막까지 안간힘으로 잡으려 했던 물 밖이
  다름 아닌 그의 멱살을 잡던 원금들과
  거친 말들로 맺어진 무수한 기한들
  냉방에 뒹굴던 빈 소주병 같은 날들이었는지
  조금만, 조금만 더 참으면 다 해결된다는
  물 밖의 말로 물속에서 발버둥 칠 때
  어렴풋이 가라앉는 몇몇 얼굴들이었는지를 두고
  분분한 추측이지만
  퉁퉁 불은 손가락 가득
  물이 스며들어 있는 것으로 보아
  끝내 물을 잡고야 말았던 것이다

이런저런 고민과 망설임 끝에 결국 그는
마음을 바꾸어 자신의 죽음을 힘껏 잡았던 것이다
모두가 그를 버릴 때
깊은 물속만이 그를 꼭 잡고
놓아주지 않았을 것이다

—「꽉, 쥔 손」 전문

「망가진 것들의 합산」에서는 한때는 "찌그러지지 않은 각도와 긁히지 않은 매끈한 표면들"을 지니며 온전한 기능을 뽐내며 생활에 부역했을 고철들을 소재로 한다. "지금은 더 이상 쓸모없는, 쓸모없음의 마지막을 다는 저울" 위에 올려져 있지만 시인은 우리가 누린 편리함의 무게만큼 빠져버린 고철에 더해진 낡은 두께들을 외면하지 못한다. 생활에 부역한 흔적으로 바르르 떠는 고철의 마지막을 그 쇠락의 과정들을 언어화해서 그물망 위로 건져 올린다. 사람의 인생이라고 다를까. 「꽉, 쥔 손」의 남자의 속사정을 우리는 정확히는 알지 못한다. 다만 "그의 멱살을 잡던 원금들과/거친 말들로 맺어진 무수한 기한들/냉방에 뒹굴던 빈 소주병 같은 날들"이라는 문장들로 죽기 전까지 힘든 일상을 짐작할 뿐이다. "조금만, 조금만 더 참으면 다 해결된다는" 희망 섞인 말은 더 이상 그를 구원할 수 없었다. 세상으로부터 완벽하게 소외당하고 행복을 추구할 가능성을 철저히 부정당했을 때 유일하게 "깊은 물속만이 그를 꼭 잡고/놓아주지 않았을 것이다". 사람들은 "그의 손에 잡힌 것이/물 밖인지 아니면 물속인지", "그의 꽉 쥔 손"을 두고 의견이 분분했지만 그것은 이제 중요하지 않다. 물론 그가 물 밖을 선택해서 훗날 "꽃 핀 곳 없는 행색"을 하고 식당 구석에서 "네 명의 자리에 세 명을 비워두는 식사"로 "매 끼니를 빈자리들과의 합석"을 하는 "허리가 굽은 노인"(「국수」)으로서 사는 일상을 상상해 볼 수는 있다. 일단은 살았으니 괜찮다고 말할 수 있을까? 이 시들에서 중요한 지점은 오히려 생활에 부역한 흔적으로 바르르 떠는 고철의 마지막과 그의 얼굴까지 차오른 물을 어떻게든 외면하고 싶어 물 밖으로 손을 내밀었을지도 모를 남자의 마지막에 우리가 건네는 "누가 보아도 명징한 대답 같은"(「지극한 자세」) '슬픔' 자체이다. 니체는 인간을 비롯한 모든 존재가 사랑스러운 이유는 그가 건너가는 존재이며 몰락하는 존재라는 데 있다고 언급했다. 시인 박은숙은 '건너가는 존재자들'의 풍경을 주시하고 드러냄으로써 우리가 중심을 쫓느라 놓치고 있는 사유들을 짚어낸다.

3. 기척 없는 의미들처럼 자연스럽게 늙어가기

어느 가수의 노래 가사처럼 "내보일 것 하나 없는 나의 인생에도 용기는 필요한" 법이다. 세상은 있지도 않은 '최악'과 '최선'의 상황들에만 '주의'를 두고 '주목'한다. 그 '주의'와 '주목'에서 배제된 것들은 마치 존재하지 않거나 아니면 '그냥' 존재한다고 여긴다. 세상에 '그냥' 존재하기 위해서도 수많은 과정의 고통스러움과 치열함을 손에 꼭 쥐고 있어야 한다는 명제를 잊는다. 시두(時痘)로 꽃핀 얼굴엔 "슬픈 빗방울"이 박혀 "평평한 날들이 없었"(「빗방울 화석」)음을, "찾아보면 내 손으로 닿을 수 없거나/볼 수 없는 것들/내가 아닌 또 다른 나인 것들이/스스로 제자리를 지키고 있다"(「나무들의 아가미」)는 사실을 넘겨버리는 것이다. 이러한 무심함은 사유의 빈곤함과 관련이 있다. 효율성을 최우선으로 하는 사회적 분위기에서 우리는 과정보다는 결론만을 보고 언급하는 데 익숙하고 이 때문에 사유하는 만큼 말하는 것이 아니라 말하는 만큼만 사유하는 데 익숙하다. 각종 소셜 네트워크를 활용해 청정하고 말끔하게 정돈된 일상들을 투명하게 보여주는 것이 자신의 전부라는 듯, 혹은 전부여야 한다는 듯, 드러내 보이는 유행이 이를 증명한다. 그러나 이 '드러내 보임'은 자신감의 표현이기보다는 실은, 자신이 "내어주지도 받아들이지도 못하는 사람"(「껴입은 사람」)임을 감추거나 "야생의 기록들은 모두 숨기고 대신 상대의 표정을 얻어다 쓰는 곤궁한 날들"(「야생」)을 버티기 위한 역설적 현상이기도 하다.

그러나 우리가 몰락을 향해 '건너가는 존재자'임을 망각하지 않는다면, "태어나는 일도 죽는 일도 우리는 닮았듯" 무한대로 열린 정체성으로 "나는 또 나를 닮으며/생전 처음들을 향해"(「가을이 닮은 동네」) 간다면, 그리고 "제 절기에 딱 맞춰서 오는 계절들 그건,/아무도 독촉하지 않아서"(「독촉」)임을 자각한다면 「빈방의 햇빛」의 "햇빛과 그늘"처럼 "서로가 가득 차야 할 때와/물러나야 하는 때"를 받아들이며 "기척 없는 의미들처럼/늙어갈" 수 있을 것이다. 아무 일도 벌어지지 않는 듯 보이는 빈방에서 햇빛과 그늘은 그들만의 속도로 천천히 바쁘다. 서로가 들거나 나거니 하며 공간을 가득 채웠다가 또 비우기 때문이다.

> 빈방엔 햇빛이 가득 차 있다
> 어쩌면 오후가 방향의 각도를 존중하는 중일 것이지만
> 직각들은 눕거나 구부러지지 않는다
> 창을 통해 직각으로 들어선 햇빛을
> 그늘은 애써 외면했을지도 모른다
>
> 빈방을 가득 채웠던 햇빛도
> 오후엔 그늘에게 빈방을 내주어야 하니까
>
> 간혹, 바깥의 날씨가
> 개입하는 노년의 노구처럼

어느 곳은 결리고 또 어느 곳은 을씨년스럽겠지만
햇빛과 그늘은 서로가 가득 차야 할 때와
물러나야 하는 때를 안다
침묵을 격려하는 일이려니 한다

햇빛과 그늘이 지나간 빈방을 청소하고 나면
조금 더 깨끗해진 오후와
한결 정갈해진 노후가
두 다리를 뻗을 만큼의 공간이 생기겠지만
그것도 잠시뿐

저녁이 오면
기척 없는 의미들처럼
늙어갈 것이다
　　　　　—「빈방의 햇빛—에드워드 호퍼」 전문

　앞서 말했듯 사유의 빈곤으로 인한 현실의 주요한 특징 중 하나는 "모든 수식을 버린"(「극진한 자세」) 단순한 시간이 아니라 효율성으로 가속된 시간이 시대의 본질을 이루고 있다는 점이다. 이러한 상황에서 현대인에게 보이지 않는 과정과 체험의 가치는 평가 절하된다. 그래서 누군가는 "고치는 연장보다는 부수고 망가뜨리는 연장을 더 많이 만들"고도 죄책감이 없으며 "뜨거운 날씨가 늘어날수록 찬 날씨들은 그만큼 줄어들게"(「지구의 부품」) 된다는 단순한 이치를 모른척한다. 그러니 더더욱 '빈방의 햇빛'이 주는 공허와 침묵의 충만함을 느낄 새가 없다. 공허를 공허로서 내버려두지 못하고 내면의 불안을 없애기 위해 한없이 채우거나 지배하려고만 든다. 또한 동시다발적으로 접근 가능한 투명하고 파편적인 지식들은 '늙음'과 '젊음' 사이의 시간적인 서사들을 획일화하고 이로 인한 젊음에 대한 과도한 강조와 압박감은 "침묵을 격려하는 일"을 계속해서 뒤로 제쳐둔다. 이러한 현실에 대해 박은숙 시인은 세계를 제어하고 그것에 어떤 꼴을 부여하지 않아도 "빈손을 넘겨주고/그 빈손을 받"(「빈손의 바통」)는 것만으로도 극진한 대접을 누릴 수 있다고 대응한다. 누군가의 이마에 잠시 깃들기 위해 이억 오천만 킬로미터 밖에서 달려오는 햇볕을 하찮게 여기지만 않으면 말이다.

시인동네 시인선 232

나는 누구의 비유였을까

ⓒ 박은숙

초판 1쇄 발행	2024년 5월 30일
초판 2쇄 발행	2024년 7월 15일
지은이	박은숙
펴낸이	김석봉
디자인	헤이존
펴낸곳	문학의전당
출판등록	제448-251002012000043호
주소	충북 단양군 적성면 도곡파랑로 178
전화	043-421-1977
전자우편	sbpoem@naver.com

ISBN 979-11-5896-648-5 03810

*이 책의 판권은 지은이와 문학의전당에 있습니다.
*양측의 서면 동의 없는 무단 전재 및 복제를 금합니다.
*잘못 만들어진 책은 바꿔드립니다.
*이 시집은 2024년 경기도, 경기문화재단의 지원을 받아 발간되었습니다.